DISCOVRS DV IVBILE', TIRE' DV THRESOR SPIRITVEL de l'Eglise.

Ensemble de la grande ioye spirituelle qu'en doiuent receuoir les
bons Chrestiens fideles
& Catholiques.

Par F. Benoist du Buisson, Docteur en
Theologie, de l'ordre S. François, &
Predicateur ordinaire en l'Eglise tres-
deuote de la Magdaleine de Troyes.

Beatus populus qui scit Iubilationem. Psal. 88.

A TROYES.
Par Iean Moreau, M. Imprimeur
du Roy.

M. D. LXXXX.

Auec Priuilege dudit Seigneur.

A

A MESSIEVRS LES

MARGVILLIERS ET TOVS

autres Parroißiens de l'Eglise tres deuote de
la Magdaleine, en ceste Ville de
Troyes, Salut
En noſtre Sauueur Ieſus-Chriſt.

A Pieté & Charité
Chreſtiéne que i'ay
cogneüe en vous,
ioincte au deſir &
grandiſsime ſoing
qu'auez de voſtre
ſalut, comme tout
bon & fidele Chreſtien doibt auoir,
ſpeciallement en ce temps deplorable
& calamiteux, ou Sathan nous liure
de ſi furieuſes & ſanglantes alarmes,
m'ont contraint d'aquieſcer à voſtre
pieuſe poſtulation & requeſte, qui eſt
de ſuccintement (pour cette heure)
vous faire entendre, & donner à co-
gnoiſtre, non ſeullemét de viue voix

A ij

en la Predication, mais aussi par escrit
pour vostre spirituelle consolation,
que c'est que Iubilé, qui est appellé le
Thresor de l'Eglise, surquoy il est fõ-
dé, d'ou il peut proceder, qui le peut
conferer, de quelle authorité, brief,
comme il le faut gaigner & honeste-
ment s'y comporter, qui n'est pas peu
de chose : Car comme tel subiect est
merueilleusement graue & de grande
importance, aussi eust-il esté bien re-
quis d'y employer du temps dauantage, qui fera (comme i'espere) si ie n'en
touche bien a poinct cõme pourriez
desirer, que celà enuers vous me ren-
dra aucunement excusable: Ioint que
d'en dire ou escrire dignement ce qui
en est, *hoc opus hic labor est.* Aussi n'est-ce
pas mon intention d'en faire icy aux
hommes doctes vne leçon, & moins
encores mettre quelque chose en auãt
qui n'aye esté dicte ou escrite au para-
uant, car *Nihil dictum quod non sit prius,* Mais

N T R E les belles &
excelléntes histoires
diuines & saciées que
nous lisons en l'escri-
ture sair Ate , celle qui
est redigée au liure dé
Iosué, Chap 6 doit e-
stre icy bié remarquee
& notee, ou il est dit, que, Comme estant le
siege des enfans d'israel campé deuát ceste
miserable ville de Hierico pour la prendre
& combattre, Dieu le Createur dist à Iosué
ce vaillát Capitaine. *Ecce dedi in manus tuas, &c.*
Voicy, i'ay dóné en ta main Hierico & son
Roy, & tous ses plus forts chápions & guer-
riers. Vous tous doncques hómes de guer-
re enuirónerez la ville, tournant vne fois a-
lentour, & ainsi ferez par six iours. Pareille-
ment sept sacrificateurs porteront sept tró-
pettes ou cornets deuát l'Arche, & au sept-
iesme iour enuirónerez la ville par sept fois,
& les sacrificateurs sonneront les cornets
desquels on a de coustume d'vser en lá Iubilé: & quand ce viendra qu'on prológera

le son auec le cornet de Belier , & ortez la
voix du cornet : tout le peuple criera par
grãd triumphe,& la muraille de la ville tõ-
bera foubs elle,& le peuple mõtera vn cha-
cun a l'endroit de foy. Origene expliquant
ce paffage,apres qu'il a interpreté Hierico,
la cõfufion de peché & d'erreur duquel s'e-
ftoit fortifié & euuironné le monde auãt la
venue de noftte Seigneur, & comme par la
trompette & predication des Apoftres,auec
la Iubilation & louange du peuple chreftiẽ,
foubs la cõduite de Iofué (figure de noftre
feigneur)Les murailles,c'eft a dire les forces
& fiances du monde,auoient efté abatues&
mifes par terre,& ce monde vaincu & fub-
iugué. Il s'émerueille de ce qu'en l'hiftoire il
y a,que non feulement les Preftres ont fon-
né leurs trompettes & clerons,mais tout le
peuple iubilafle, *De Iubileo magno.* Et fur ce il
s'émerueille auffi de ce qui eft efcrit au Pfal-
me 88. *Beatus popiftus qui fcit Iubilationem.* Heureux
le peuple qui fçait iubilatiõ,difant que Dauid ne dit pas,Heureux le peuple qui opere
iuftice, q̃ cognoift de Dieu les fecrets & mi-
fteres, ou qui fçait donner raifon de la terre & des Aftres : mais qui fçait Iubilation ,
In aliis,Timor Dei facit beatum , fed vnum tantum dicit.
Beatus vir qui timet Dominum , fed hæc beatitudo
profufa eft vt vniuerfum populũ. Beatum faciat qui fcit Iu-
bilationem, vnde mihi videtur Iubilatio fignificare quem-

dam concordiam & vnanimitatis affectum in laudendo Deo, seu ineffabili lætitia de remißione peccatorum, & certa beatitudine per Christum. Aux autres la crainte de Dieu les faict bien-heureux. Il n'en dit seulemēt qu'vn. Bien-heureux celuy qui craint nostre seigneur: Mais ceste beatitude est de telle sorte espādue qu'elle faict tout le peuple bien-heureux qui sçait telle Iubilation, qui faict qui me semble ceste iubilation signifier vne bōne & saincte affection à louer Dieu, par vne cōcorde & saincte vnion, ou bien vne ioye ineffable de la remißion des pechez, & d'vne certaine beatitude eternelle par Iesus-Christ nostre sauueur. Or bienheureux est le peuple qui conioint de mesme cœur, d'vne mesme Foy, esperance, & charité, chante la louange à Dieu: Car c'est par ceste iubilation que Hierico est ruiné & les murailles tombées. C'est à dire. *Cadent oïa quæ terrena sunt & mūdus subuertetur.* Nostre seigneur dit. Ioan. 16. *Confidite ego vinci mundum.* Ne pense-pas que soubs autre cōduitte tu puisse surmonter les ennemis. Ne pense-pas que soubs autre enseigne tu puisle abbattre & faire subuertir les murailles de Hierico, c'est à dire la force de ceux qui empeschent ton salut, & mettent auiourd'huy en confusion le mōde Il fault que soubz la conduite de Iosué, que les trompettes des Chrestiens

B

tout le peuple s'accorde & chante la iubilation de Dieu, & alors, *Beatus populus qui scit iubilationem.* Heureux le peuple qui sçait iubilatiõ.

N'ESTANT doncques ceste Iubilatiõ, en
l'escriture, que *Ineffabilis lætitia.* C'est à dire, vne
ioye qui ne se peut exprimer de la remission
de nos pechez, & de la certitude de la vie e-
ternelle, quãd l'hõme aussi la cognoist, enco
res qu'il ne la puisse exprimer p vne louãge
exterieure, il monstre toutesfois cõme il s'é-
iouit en Dieu par ceste iubilation de la vie
eternelle. C'est pourquoy en d'ãucunes eglises Cathedralles à la fin des Antiphones &
Respons aux iours solénels *fit neuma fit Iubilus*
qui est vn chant à la fin sans aucune expres-
sion de parolles, pour signifier ceste ioye e-
ternelle & incomprehensible, laquelle *nec
penitus exprimi , nec penitus tacere valet*, ceste
maniere de chãter est sans expr paro-
rolles. Cõme l'Eglise parlant du salaire que
Dieu à specialement reserué aux martirs,
chante, *Quæ vox que poterit lingua retexere. &c.* &
quod oculus non vidit, nec auris audiuit. &c. En telle
signification les anciens ont interpreté telle
maniere de chanter en l'Eglise l'appellant
Iubilus , Cumme Rabanus Morus, Strabo
& autres qui ont escrit, du temps de Char-
lemagne. Or voila la premiere signification
de Iubilé, & iubilatiõ assez frequéte en l'es

criture, qui signifie tesmoigner par voix sãs
le pouuoir exprimer par parolles, vn chant
de ioye conceuë au cœur par vn commun
accord en la louange de Dieu, & en me-
moire de la ioye eternelle des bié-heureux.
Parquoy ce n'est sans cause que le Prophete
dit, *Beatus populus qui scit iubilationẽ.* Et Psal. 83.
*Beati qui habitant in domo tua Domine, in sacula saculo-
rũ laudabũt te.* Mais contre dit l'escriture. *Thrẽ.3.
Desecit gaudiũ cordis nostri, versus est in luctũ chor' noster.*
Pource que *nescimus iubilationem quæ est cum sacer-
dotibus Ecclesiæ vnanimes fide & spe, Deum laudare.*
La ioye de nostre cœur est deffaillie, nostre
cœur & chant de ioye est tourné en dueil,
pource que nous ne ressentons rien de iubilation, qui est de louer Dieu tous vnani-
memẽt auec les Prophetes & châtres de l'E-
glise..... esperance & charité.

Il..... autre signification de Iubilé en
l'escri.... saincte, au Leuitique 25. ou Dieu
commanda au peuple d'Israel. *Sanctificabis an-
num quinquagesimum.* Car entre autres graces
& priuileges de ceste année....du Iubilé il y
en auoit d.... principalles. La premiere par
laquelle tous serfs estoient lors affranchis &
mis eu liberté, & tous les debteurs quittes
enuers leurs crediteurs. L'autre q̃ chacũ re-
tournoit à ses possessions selon la dictiõ He-
braïque de Iubilé, qui signifie retour ou re-

B ij

duction. *Reuertetur quisq ad possessionem suam, om*
venditio ad Dominum suum. Et pource que cet a
du Iubilé estoit publié & proclamé par cer
tains mois deuant, par trompettes & cor
nets qui estoient destinés tout expres pou
cet effect, *ab isto claugore & sonitu,* selõ Rabi Sa
lomõ *vocatur Iubileus* : Car ou nous disons Iu
bilé, les Hebreux disent Iobel, qui vault au
tant à dire que cornet, comme en Exod. 19.
lors que Aaron aura commencé de sonner
la buccine ou trompette, c'est à dire en He
brieu du cornet à Bouquin. Exode 19 d'au
tant qu'en ce temps là les cloches n'estoiét
encores en vsage, ce qui se faisoit pour de-
monstrer l'excellence & grandeur de la di-
gnité de la feste , sçauoir de cet an Iubilé,
& d'autant que S. Paul dit que toutes cho-
ses leur aduenoient en figures, àussi font elles escrites pour nostre instruction. Ce n'e-
stoient que signes demonstratifs de ce qui
debuoit aduenir, qui estoit le temps du Mes-
sie qui debuoit apporter le grãd Iubilé, c'est
à dire planiere indulgéce & remission à tous
ceux qui estoiét detenus aux prisons de peché, publier grace entiere à ceux qui estoiét
esclaues, encore de Sathã. Ainsi ple Esaye. 61
Spiritus Domini super me ad annunciandum mansuetis
misit me, & predicare captiuis indulgentiam & clausis a-
pertionem, Voila ce mot *de Indulgentia* en l'escri-

ture *pro remißione.* Car en S. Luc noſtre Seigneur récitãt le paſſage, il dit *remißionem.* C'eſt pourquoy Eſaye, & S. Paul l'appellét temps acceptable, iour de ſalut, ainſi que le Iubilé eſtoit appellé, Temps de propiciation & de remiſsion à toutes gens.

OR tout ainſi qu'au peché il y a la culpe & la peine, auſsi deuons nous conſiderer la remiſsion du peché, quãt à la coulpe, & la remiſsion quant à la peine. La remiſsion du peché quant à la coulpe, elle ſe faiſt en tout temps, & en tous lieux, par le ſacrement de penitence & confeſsion. Dauantage Dieu a qui ſeul appartieut l'authorité de remettre les pechez cõmis, par le miniſtere de ſon Egliſe, les clefs du Royaume des Cieux, c'eſt à dire, la puiſſance d'abſoudre les pechez, aux miniſtres Eccleſiaſtiques eſt, non ſeulement en certain temps: mais *quoties ingemuerit peccator* que le pecheur gemira & demandera pardõ. Tellement que ce Iubilé, ou planiere remiſſion, quant à la coulpe, eſt tous les iours. Mais d'autãt que apres la grace faiſte & abſolution du peché nous trouuons en l'eſcriture, que ſouuent l'homme demeure obligé à vne peine temporelle, qui luy eſt impoſée pour ſatisfactiõ du peché. Cõme no° voyõs de Dauid 2 Reg. 12. lequel eſtant repris par le Prophete Nathã, de ſon peché d'adultere

& homicide, il recognoiſt ſa faute, demãde
pardõ à Dieu, & dit *Peccaui*. Le Prophete luy
diſt, *Tranſtulit Dominus peccatum tuum.* Dieu t'a re-
mis ton peché, quant à la coulpe & peine
eternelle, à laquelle tu eſtois ſubiet, mais au
lieu de celle tu auras pour expiation, en penitence de ton peché, vne peine temporelle
car *morietur puer, & non recedet gladius de domo tua,*
L'ẽfant mourra, & le glaiue ne partira point
de ta maiſon. Nous en auõs autãt d'Achab,
qui auoit tué Naboth pour auoir ſa vigne,
& Helie luy denonce la peine en laquelle
il ſeroit pour ſon peché : Ce pendant il demande pardon & faiĉt penitence, ieuſnant
& portant la haire, auſsi il ouyt que Dieu
luy auoit pardonné, pource qu'il s'eſtoit hu-
milié. En la primitiue Egliſe, & par les Cõ-
ſtitutions Canoniques, nous voyons qu'a-
pres l'abſolution du peché, auquel eſtoit
deue la peine eternelle, les penitences tem-
porelles bien griefues, ſont enioinctes & or-
données, quelquesfois pour vn peché mor-
tel dix ans, q̃lquesfois quarante ans ou plus,
aucunesfois toute ſa vie, ſelon la grauité du
peché. Or noſtre Seigneur ayant donné la
puiſſance aux ſuperieurs de ſon Egliſe, non
ſeulement de remettre le peché, quant à la
coulpe, mais auſsi de remettre & relaſcher
toutes les peines, penitences & ſatisfactions

ausquelles nous sommes obligez par noz
pechez, & ce par le merite infiny de la paf-
fion de noftre feigneur Iefus Chrift, & par
les merites de fes faincts martirs, dont eft
principalement compofé ce threfor de l'E-
glife à l'affemblement duquel font les merites de la treffaincte & tres-honorée mere de
Dieu, & de tous les Eleuz depuis le premier
iufte Abel iufques au dernier. Auiour d'huy
le fouuerain pafteur de l'Eglife, confiderant
la Chreftiente fi affligée, & fpecialemét ce-
fte pauure France fi defolée, enfondrée en
fi grandes miferes, ouure fes threfors fpiri-
tuels & vous donne l'an Iubilé, c'eft à dire,
planiere & entiere remiffion, & indulgéces
de toutes les peines & penitéces qu'vn cha-
cun ha eu ou deuoit auoir, pour tous & tels
pechez que nous pouuons auoir iamais cõmis deuant Dieu, qui eft vn threfor certai-
nement ineftimable.   Quand le Chreftien
confidere de ptes combien nous meritons
de maux pour nos pechez, & s'appelle l'an
Iubilé, pource que à la maniere du Iubilé
ancien ils reçoiuent fpitituellement le priuilege, qui eft, que toutes debtes fpirituelles
& obligatiõs de peines font remifes & cha-
cun r'entre en fon heritage, qui eft la grace
de noftre Seigneur en ce monde, & le prin-
cipal heritage & maifon des enfãs de Dieu.

lesquelles graces & priuileges doibuét gr
dement esmouuoir les Chrestiens à Iubilé
c'est à dire, à ioye & exultation. Voyez l'ex
trauagant des anciens, comme du temps d
Boniface, il estoit à cent ans Depuis du téps
Clement 5. il fut mis à cinquante ans, à la
fin Nicolas 5 le reduit à vīgt-cinq ans pour
la briefueté de la vie.

O R que telle puissance soit donnée au
superieur de l'Eglise, par l'escripture
saincte, ie n'en diray que ce mot, pour ceux
qui sont curieux en ceste matiere. Tout ainsi que nous recognoissons en l'Eglise trois
sortes de puissances Ecclesiastiques sur l'ab-
solution ou códemnation des pechez. L'vn-
re par l'absolutiou sacramentalle en la confession. L'autre par l'excommunication du
peché. La troisiesme pour la relaxation des
peines & satisfactions deues au peché (que
nous appellons indulgences). Aussi nous a-
uons trois passages de l'escriture tous diffe-
rents en la differéce de ces trois puissances,
Le premier passage est en S. Matthieu, le
18. qui est la puissance iudiciaire pour excó-
munier les contumaces & rebelles, & iceux
receuoir en l'Eglise par penitence : Car en
ce lieu parlant de la fraternelle correction,
& que celuy qui n'est obeissant a l'Eglise soit
tenu comme Ethnique & Publicain, il dit,

Amen, Amen dico vobis, quæcunq; ligaueritis super terram erunt ligata in cælis. Et quæcunq; solueritis erüt soluta. La seconde est en S. Iean, le 20. qui est vne puissance Sacramételle de remission du peché par la confession, laquelle estant de soy propre a Dieu est toutesfois cómise & concedée au Prestre. C'est pourquoy nostre seigneur luy souffle le Sainct Esprit, qui est la mesme puissance diuine par la remissió des pechez, ainsi a-il dict à tous les Apostres estans ia faicts Prestres. *Accipite Spiritum quorum remiseritis peccata remittuntur eis, & quorum retinueritis retenta erunt.* La troisiesme en S. Matthieu 16. quand particulierement il dist à S. Pierre, pour l'amour de sa confessió de Foy qu'il auoit faicte de nostre Seigneur à luy donnée & à ses successeurs, superieurs en l'Eglise, vne puissance particuliere distincte des deux autres, qui est la relaxation & graces sur les peines deues pour le peché, lesquelles estát remises par le superieur de l'Eglise, elles sont reputées pour telles au Ciel. Et par tant en particulier il dit, *Quodcunque solueris super terram erit solutum & in cælis.* Et voyla quant à la puissance confirmée en l'escriture.

RESTE maintenant sçauoir, quelle preparatió est requise de nostre costé pour gaigner le Iubilé, lequel estant de telle efficace auec S. Paul. 1. Corinth. 6. *Exortamur vos ne in vacuū gratiā Dei recipeatis, ait enim in tempore accepto exaudiui te, & in die salutis adiuui te,* Nous vous exortons de ne receuoir la grace de Dieu en vain, Car il dit, ie t'ay exaucé en temps acceptable, & t'ay secouru au iour de salut, Voicy maintenant le têps acceptable, voicy le iour de salut. *Ecce nunc tempus acceptabile dies salutis,* qui sont les Epithetes qui estoiêt au Iubilé anciê, figure de cestuy cy. Or la preparation que demande nostre sainct Pere le Pape est, Premieremêt q̃ nous sõyõs confez & repentans, & que nous visitions l'Eglise S. François, & que nous priõs pour la paix de l'Eglise, & extirpation des heresies. Quãt au premier S. Augustin dit, *Quomodo potest nouam vitā inchoare quem veteris nõ pœnitcat.* Exod. 14. Quant il fut question aux enfans d'Israel de passer la mer rouge, encores qu'ils veissent Pharaon à leur dos, toutesfois pas vn des tribus d'Israel n'osa passer, sinõ la lignee de Iuda, qui passa la premiere, & puis toutes les autres apres suyuerent Iuda en l'escriture est interpreté confession, laquelle quãt elle marche la premiere toutes les autres vertus suiuent apres. Et Pharaon & tout son camp c'est à dire, toute machination du diable est submergee & rompue, & sa gueulle estouppee. S. Ambroise dit, *non sufficit medici ars, indu=*

trie, & potentia, ad sanitatis beneficium recuperandum,
sed requiritur ipsius ægroti solicitudo & cura. Ce n'est
assez de l'art, industrie & puissance du Me-
decin pour recouuier le benefice de santé,
mais aussi est requise le soin & la solicitude
du malade. Et S. Augustin, *Non ideo vult Deus,*
vt confiteamur peccata quòd ea scire non possit, sed quia
d abolus hoc desiderat vt deffendamus, & non arguamus
peccata. Deus autem quia pius & misericors est, vult vt &
confiteamur in hoc sæculo ne pro illis post modum, confun-
damur in altero. C'est à dire, Dieu ne veut pas
que confessions nos pechez comme si les i-
gnoroit ou qui ne les peust sçauoir, mais
c'est à raison que le diable ne desire autre
chose, sinon qu'au lieu de les confesser nous
les deffendions, & ne les reprenions, mais
Dieu qui est tout pieux & misericordieux
veult que nous les confessions en ce môde,
de peur que par iceux ne soyons côfondus
en l'autre.

IL y a expresse inionction de communier,
àfin que nous soyons subiets, plus capables
& dignes de ceste grace. I'exhorte & prie
tous & chacû, de se fortifier par ceste Saincte cômunion du corps de nfre Seigneur, &
s'exercer en toutes bônes & saites œuures,
vt videtes opera vestra bona obturêtur ora impudentiû vt
glorificetur Deus. Or à la mienne volonté que
nous puissions imiter le grand ze'e, deuotiô

C ii

& charité de nos peres anciés, lors qui leu
venoit vn Iubilé : Ie ne suis point émerueil-
lé si ce temps là estoit plain de paix & tran-
quilité, d'autant (ie m'asseure) que les prieres
& deuotions ont merueilleusemét incité la
misericorde de Dieu, veu la pieté & deuo-
tion, & la grande diligence qu'ils faisoient
pour le gaigner. L'autre point est que visi-
tant les trois Eglises, S. Pierre, S Dominique & S. François, qui vous sont nommées
nous prions Dieu pour la conseruation de
nostre mere saincte Eglise, vnió des princes
Chrestiens, & extirpation des heresies.

Nostre Dieu, encores qu'il ne soit circon-
script d'aucun lieu, & qu'il puisse estre ser-
uy en tous lieux, toutesfois il choisit quelquesfois, vn lieu, & vn temps pour cómu-
niquer ses graces, quand, comment, & ou il
luy plaist. Vous auez au 2. Regum, le 24. que
le pauure Dauid vovant son peuple quasi
tout mort par la pestilence, il eut recours à
Dieu, & le Prophete Gad luy dist, *Ascende &
constitue altare Domino in area Iebusei.* Il est dict, que
Dauid ayant faict ses prieres & sacrifices à
Dieu, en ce lieu designé par le Prophete &
ainsi qu'il crioit à Dieu, *Ego sum qui peccaui, ego
qui inique egi, isti oues quid fecerunt ? auertatur obsecro,
furor tuus Domine à me & populo tuo.* Il est dit, que
Dieu dist, *Angelo percutienti sufficit, & cohibita est*

plaga ab Iſraël. S. Auguſtin, Epiſtola 137. *ad clerū & populum hiponenſem,* demandant pourquoy il ſe faiſoit tāt de miracles au corps de ſainct Fœlix, & ailleurs aux corps des ſaincts , & ne s'en faiſoit point en Affrique, ou toutes-fois ils auoient tant de corps ſaincts. Il reſpond, ſelon Sainct Paul 1. Corinthiens 12. *Non omnes ſancti habent dona curationum, nec omnes ha-bent di iudicationem ſpirituū , ita nec in omnibus memo-rijs ſanctorum iſta fieri voluit. Ille qui diuidit pro vult. Ioann. 3. Spiritus vbi vult ſperat.* Or viſitant ces ſaincts lieux, il eſt beſoing que la modeſtie Chreſtienne ſoit gardée, & ſerue d'exéple à ceux qui ſont infirmes, que les grands mon-ſtrent bon exemple aux petis , les peres & meres à leur familles, & les maiſtres aux ſer-uiteurs. Ce pendant eſtans en ces Egliſes implorer l'aide de S. Pierre l'Apoſtre & de S. Loup, & S. Germain , Sainct Sauinian & Sainct Potentian , qui ont publié & preſché la Foy de Dieu tout puiſſant en ce pays de Champagne. Et aux autres deux Egliſes re-querrons l'interceſſion de S. Dominique & de S. Frāçois, leſquels ont ſi cōſtāmēt debel-lé cōtre les Albigeois heretiques q̃ infectoiét la France, àfin que par leurs interceſſions & nos prieres eſtans conioinctes, nous ſuppli-ons Dieu , que nous voyans deſtituez des moyés humains qu'il ne no⁹ delaiſſe point :

nous punir , que ce ne soit point par ceux
qui blasphement son sainct nom, se moquér
de ses sacremens , mettans en confusion
tout le monde, mais que ce soit par tel autre moyen qu'il luy plaira : A la volonté
duquel quand nous nous conformerons il
nous dōnera sa grace en ce monde, & à la
fin sa gloire eternelle.

Ad quam nos perducat qui sine fine viuit & regnat.
Amen.

FIN.